Presentada a:

. . . .

Por:

. . . .

Fecha:

. . . .

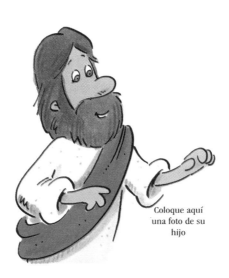

Coloque aquí
una foto de su
hijo

La ley del S<small>EÑOR</small> es perfecta ...
Las sentencias del S<small>EÑOR</small> son verdaderas ...
Son más deseables que el oro ...
más dulces que la miel ...
Quien las obedece recibe
una gran recompensa.

SALMO 19:7-11

POR MACK THOMAS

ILUSTRADA POR JOE STITES

Editorial Vida
www.editorialvida.com

ZondervanPublishingHouse
www.zondervan.com

© 2000 Editorial Vida
Miami, Florida 33166-4665

Publicado en inglés bajo el título:
My First Step Bible
por *Gold'n'Honey Books*
© 1994 por *Zondervan Publishing House*
Ilustraciones: © 1994 por *Joe D. Stites*
Traducción y adaptación: *Orville E. Swindoll*
Editado por: *Nancy Pineda*
Diseño de cubierta: *Gustavo A. Camacho*

Impreso en Estados Unidos
Printed in the United States of America

00 01 02 03 04 05 06 07 ❖ 8 7 6 5 4 3 2 1

Contenido

. . . .

HISTORIAS DEL ANTIGUO TESTAMENTO

HISTORIAS DEL NUEVO TESTAMENTO

Historias del Antiguo Testamento

Veo lo que Dios hizo

Me llamo Adán. ¿Qué veo?
Veo el sol brillante que Dios creó.
Dios dice: «¡Es bueno!»

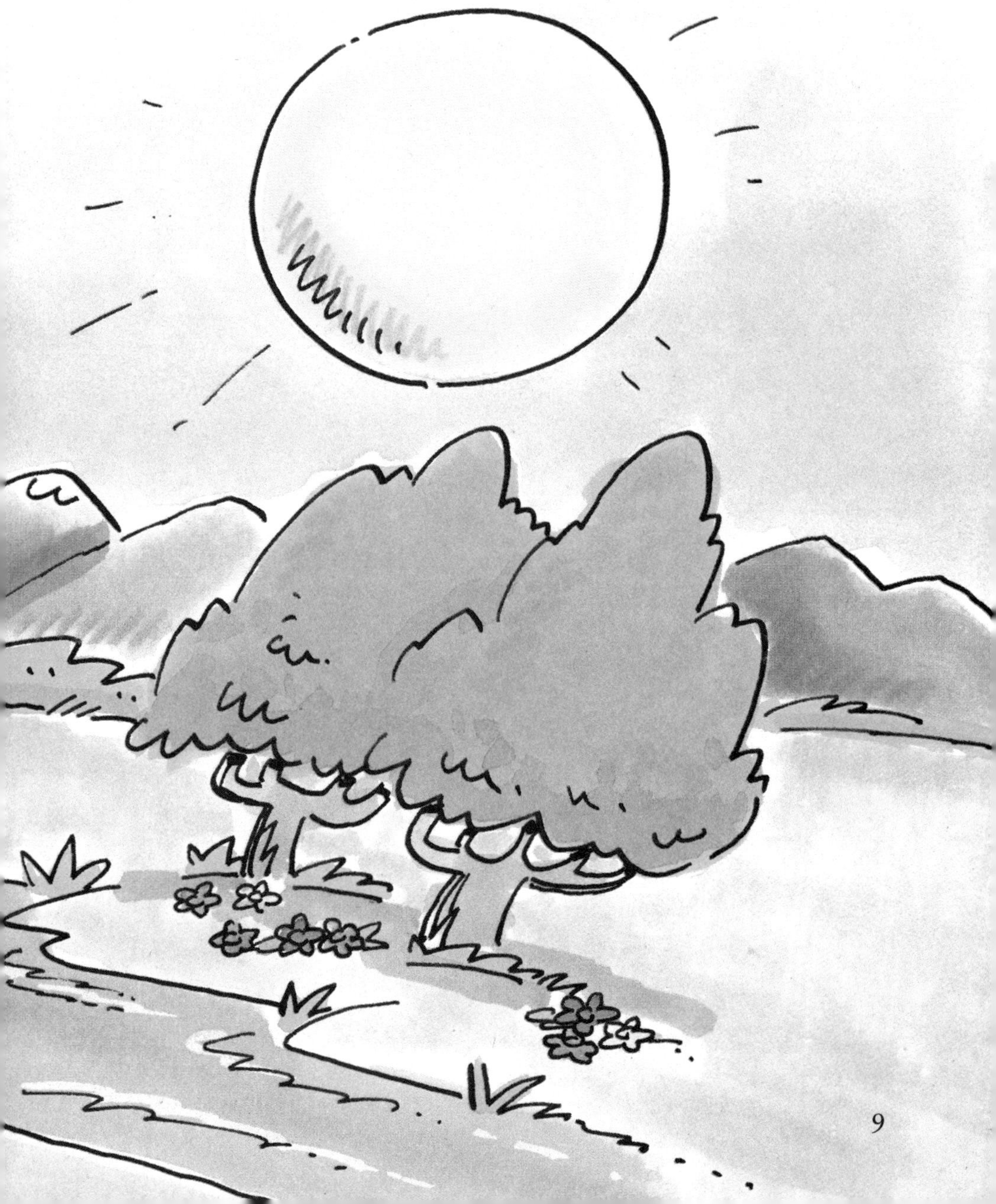

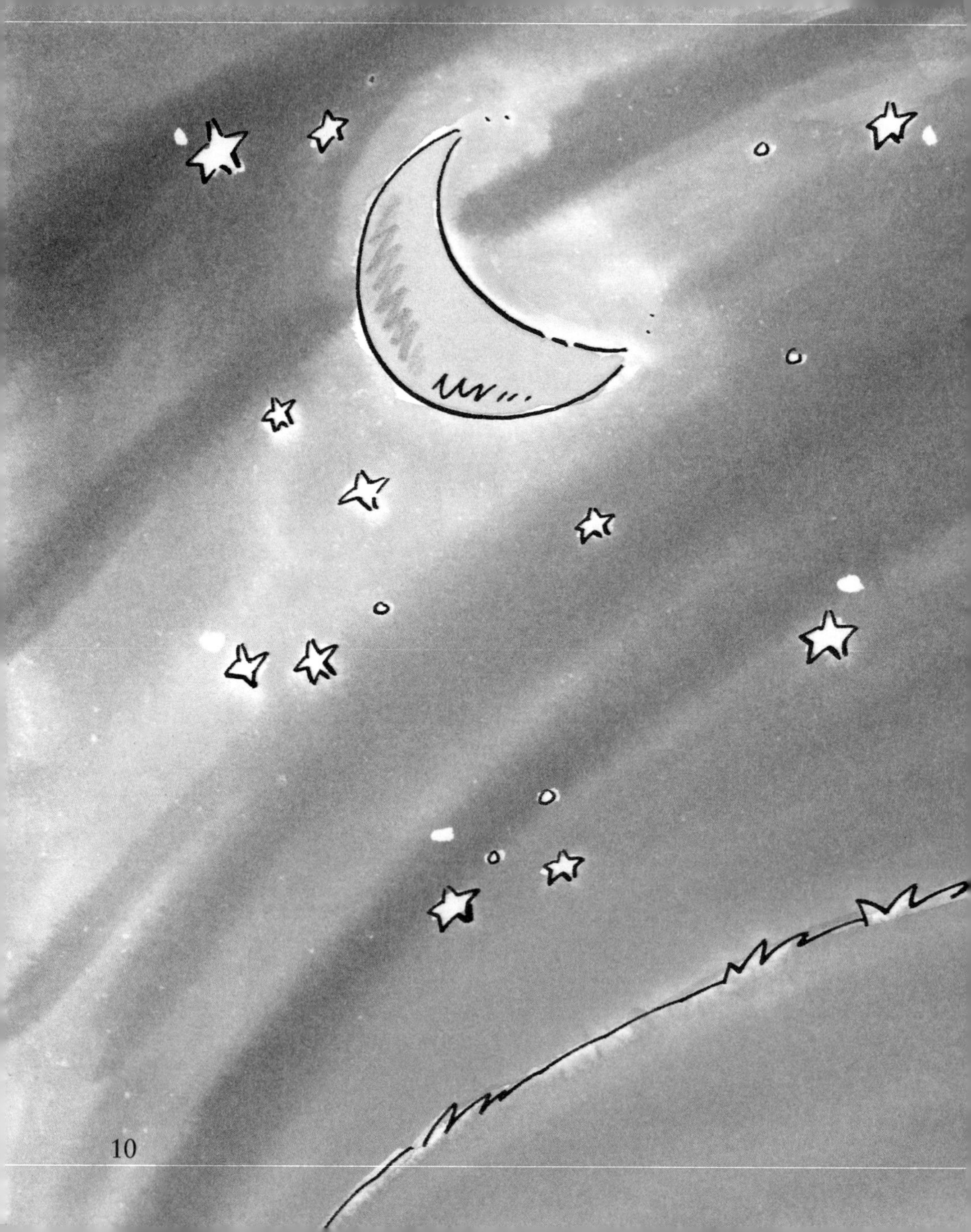

Veo la luna y las estrellas que Dios creó.
Dios dice: «¡Son buenas!»

Veo las flores y los árboles que Dios creó.
Dios dice: «¡Son buenos!»

13

Veo los peces y las aves que Dios creó.
Dios dice: «¡Son buenos!»

Veo mis amigos, los animales que Dios creó.
Dios dice: «¡Son buenos!»

17

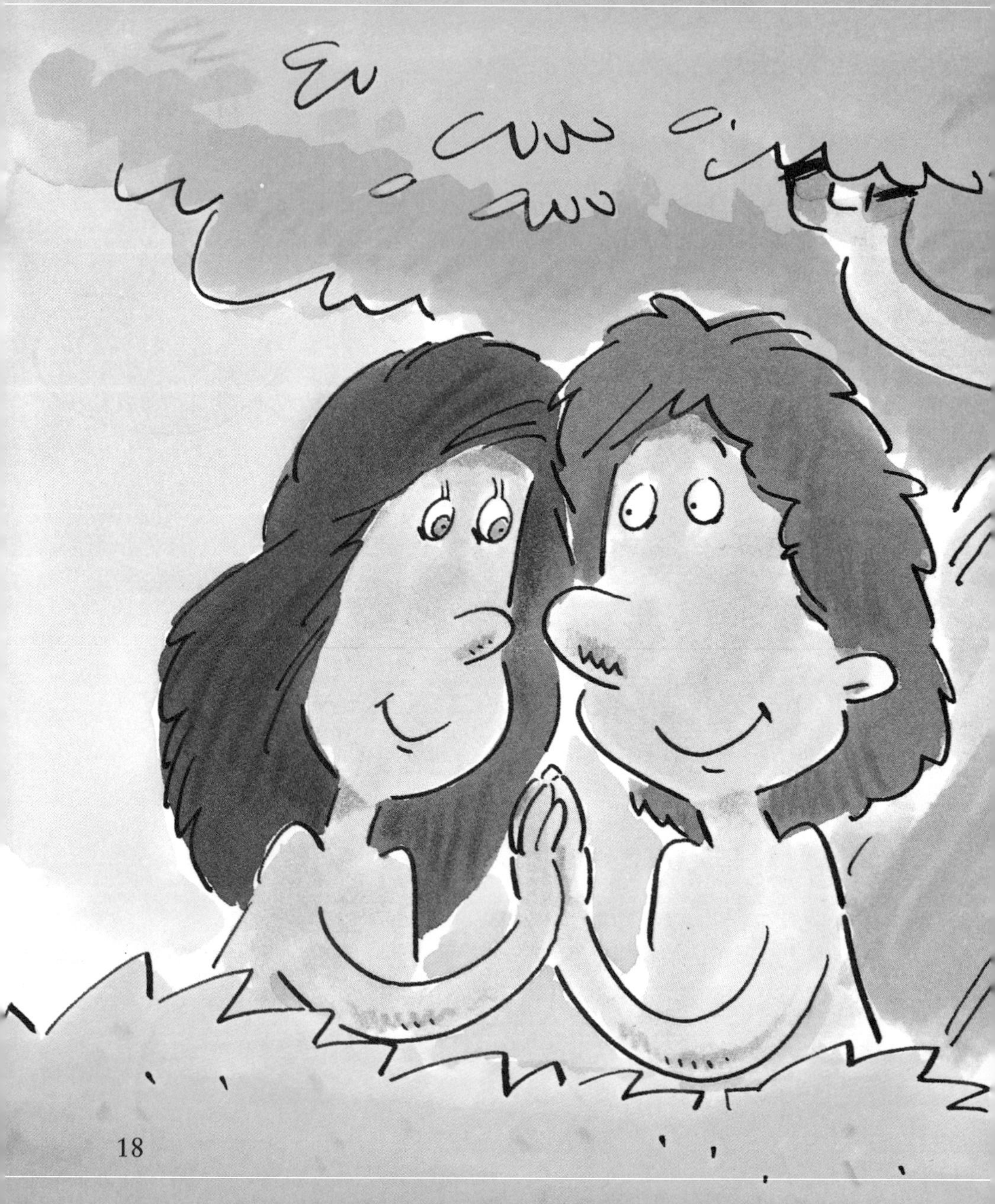

Veo a Eva, la mujer que Dios creó...

¡Dios me creó a MÍ también!
Dios dice: «¡Todo es MUY BUENO!»

¡Dios te creó a ti y me creó a mí,
e hizo todo lo bueno que existe aquí!

21

¿Dónde está el agua?

¡Hola! Mi nombre es Noé.
Oí a Dios decir:
«Construye un GRAN BARCO, Noé.»
Por eso construyo un GRAN BARCO.

¿Dónde está el agua que hace flotar al barco?
«*El agua vendrá*», dice Dios.

El barco ya está listo.
Los animales pequeños entran al barco.
Pero, ¿dónde está el agua?

¡El agua vendrá!

Los animales GRANDES entran al barco. Pero,
¿dónde está el agua?

¡El agua vendrá!

Mi familia entra al barco.
Pero, ¿dónde está el agua?
¡El agua vendrá!

Dios cierra la puerta para protegernos.

31

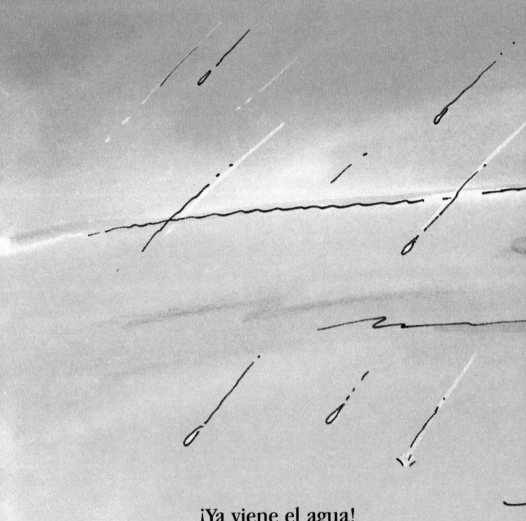

¡Ya viene el agua!
¡Hay agua por todas partes!

Adentro del barco, Dios nos protege...

hasta que el agua se va. Entonces Dios dice:
«¡Salgan... todo el mundo afuera!»
¡Estamos contentos porque Dios nos protege!

Nuestro bebito

Me llamo Abraham.
Sara es mi esposa.
Tenemos vacas. Tenemos ovejas.
Pero no tenemos nuestro bebito.

Dios dice: «Te mostraré un nuevo sitio
donde puedes vivir.»

En este nuevo lugar tenemos más vacas.

Tenemos más ovejas.

Pero no tenemos nuestro bebito.

Esta noche, Dios dice:
«¡Mira al cielo, Abraham!

¿Puedes ver las muchas, pero muchas
estrellas? También tendrás muchos,
pero muchos hijos.»

Luego dice Dios:
«Muy pronto te daré un bebito.»
¿Podrá Dios hacerlo?

¡SÍ! Este es nuestro nuevo bebito.
¡Ah, cuánto lo amo!
¡Es un regalo de Dios!

47

Escaleras al cielo

¡Hola! Me llamo Jacob. Estoy haciendo un
viaje largo, completamente solo.
El sol se pone y estoy muy cansado.
¿Dónde podré dormir?

Dormiré en el suelo.
Una piedra será mi almohada.
¡Buenas noches!

Al dormir, sueño con unas escaleras que suben y suben hasta el cielo, y llegan a Dios. Ángeles suben y bajan las escaleras, suben y bajan, suben y bajan.

Escucho a Dios decir:
«Jacob, yo te cuidaré en tu largo viaje.
Luego volverás a salvo a casa.»

¡Qué buena mañana después de tan buena noche!
Nunca olvidaré las escaleras al cielo.

¡Siempre miraré y veré
cómo Dios me cuida!

Dios me dice qué hacer

Me llamo José. Mira mis manos.
¿Qué ves? Tengo trigo. Necesitamos trigo para
hacer el pan, buen pan para comer.
¡Mmmmmm!

58

Hoy día, todos tienen mucho trigo.
Mucho trigo para hacer mucho pan.
No necesitamos tanto ahora.
¿Qué podemos hacer?

61

Yo sé qué hacer porque Dios me lo dice.
Llamo a todos: «¡Vengan aquí!
Podemos guardar trigo en este lugar.
Podemos almacenarlo.»

¡Miren! ¿Qué pasó ahora?
Se acabó la comida.
A nadie le queda trigo.
Ya nadie puede hacer pan.
Pronto todos tendrán hambre.
¿Qué debemos hacer?

Yo sé qué hacer porque Dios me lo dice.
Llamo a todos: «¡Vengan aquí!
Aquí está el trigo que guardamos.
Tomen este trigo y hagan más pan.»

67

Cuando Dios me dice qué hacer, lo escucho.
Y todos son felices.

69

El bebé en la canasta

Me llamo Miriam.

Tengo un hermanito.

Un rey malo quiere hacerle daño a mi hermanito.

¿Qué debemos hacer?

71

Mi madre hace una canasta. Pone a mi hermanito en la canasta.
Esconde la canasta en el río.

Me quedo y miro.
Quiero ver qué sucederá.

¡Ah! ¡Aquí está una princesa!

Ella ve la canasta.
Ve al bebé.

Mi hermanito llora:
¡Uaaaaa! ¡Uaaaaa!

Le digo a la princesa: «¿Desea que alguien
le ayude a cuidar el bebé?»

«Sí», responde la princesa.

Mi mamá y yo ayudamos a la princesa a cuidar de mi hermanito.

Entonces la princesa dice:
«Encontré este bebé en el río
y lo llamaré Moisés.»

¿Cómo vamos a cruzar el agua?

¡Hola! Mi nombre es Moisés.
Ya no soy bebé.
Estoy con el pueblo de Dios. Dios quiere que
nos vayamos lejos de un rey malo.
Dios nos llevará a nuevas casas lejos de aquí.

El rey malo no quiere dejarnos ir.
Entonces Dios manda MUCHAS ranas para
molestar al rey.

Luego, Dios manda MUCHOS insectos.

89

Luego, Dios manda MUCHOS saltamontes
Muy pronto, el rey malo nos dejará ir a
nuestras nuevas casas.

91

¡Ahora podemos ir! Pero nuestras casas están muy lejos. Tenemos que cruzar el agua. ¿Cómo vamos a cruzar el agua?

¡Mira cómo nos ayuda Dios!
¡Dios aparta las aguas! Ahora podemos llegar
a nuestras nuevas casas.

¡Estamos contentos!

Hambrientos y sedientos

Todavía quedan lejos nuestras nuevas casas.
El pueblo de Dios me dice:
«Moisés, aquí no tenemos comida.
¡Estamos CANSADOS y HAMBRIENTOS!»

Así que oro a Dios.
Dios responde: «Mañana temprano
encontrarán comida por el suelo.»

Entonces todos vamos a la cama.
El pueblo de Dios duerme.
¡Buenas noches!

¡Despierten! ¡Ya es de día!
Miren, hay comida por el suelo...
¡alimento muy bueno para comer!

Pero ahora el pueblo de Dios me dice:
«Moisés, aquí no hay agua para beber.
¡Tenemos CALOR y SED!»

107

Así que oro a Dios. Y Dios responde:
«Va a salir agua de aquella roca.»

¡Miren el agua:
buena y fría para beber!
¡Dios nos cuida muy bien!

111

Me llamo Josué.

Dios quiere que ayude a su pueblo.

Ya estamos listos para buscar nuestros

nuevos hogares. ¿Dónde estarán?

¡Miren! Nuestros nuevos hogares están al otro lado del río. Todo lo que está de aquel lado será de nosotros.

Pero el río está lleno de agua.
¿Cómo cruzaremos el agua?

¡Miren cómo Dios nos ayuda!
¡Dios separa las aguas y abre el camino!
Ya podemos ir a nuestros nuevos hogares.
¡Estamos contentos!

117

Un soldado poderoso

¡Hola! Me llamo Gedeón. El pueblo de Dios
ya vive en sus nuevos hogares.
Pero la gente mala nos hace daño.
¿Quién nos ayudará?

El ángel de Dios viene y me dice:
«¡TÚ eres un soldado poderoso, Gedeón!
¡TÚ puedes ayudar al pueblo de Dios!
¡Dios te hará fuerte!»

121

Toco mi trompeta, ¡bien fuerte!
¡TARARÍ! ¡TARARÍ! ¡TARARÍ!
Llegan más soldados.
Juntos ayudamos al pueblo de Dios.

123

Dios oye mi oración

Mi nombre es Ana.

Lloro porque no tengo un bebito.

Entonces le ruego a Dios: «Señor, por favor,
dame un bebito.» ¿Lo hará Dios?

125

¡Sí! Este es mi nuevo bebito.
Su nombre es Samuel.
¡Es un regalo de Dios!

127

Alguien me llama

¡Hola! Me llamo Samuel.
Ya no soy un bebito.
Soy el ayudante de Elí.
Ayudo a Elí cuando ora a Dios.

129

Es hora de ir a la cama.
¡Buenas noches!
Todo está oscuro.
Todo está en calma.

¡Ah, escucha! ¡Oigo algo!
Alguien dice:

¡Aquí estoy, Elí!
Elí despierta y dice: «Yo no te llamé.
Vuelve a la cama, Samuel.»

Entonces vuelvo a la cama.

¡Pero vuelvo a oír algo!
Alguien dice:

«¡SAMUEL! ¡SAMUEL!»

¡Aquí estoy, Elí!

Elí despierta y dice: «Pero Samuel, yo no te llamé. Por favor vuelve a la cama.»

Entonces vuelvo a la cama.

¡Otra vez escucho una voz!
Alguien dice:

«¡SAMUEL! ¡SAMUEL!»

Esta vez Elí dice:
«¡Samuel, DIOS te está llamando!
Si lo oyes de nuevo, respóndele.»

Entonces vuelvo a la cama.

Oigo a alguien decir:
«¡SAMUEL! ¡SAMUEL!»

Entonces le respondo: «Sí, Señor Dios, oiré todo lo que quieras decirme.»
Dios me dice muchas cosas. Haré todo lo que Dios me manda.

Más fuerte que un gigante

¡Hola! Me llamo David.
Soy un niño pastor.
Cuido bien las ovejas.

A veces un león quiere herir mis ovejas. No dejaré que el león hiera mis ovejas. Dios no dejará que el león me hiera.

Me gusta cantar.
Canto canciones a Dios,
porque Dios cuida de mí.

Hoy vine a ver a mis hermanos.
Mis hermanos mayores son soldados.
Pero todos los soldados tienen miedo.
¿Por qué tienen miedo?

153

¡Tienen miedo del gigante!
El gigante no ama a Dios.
El gigante quiere herir al pueblo de Dios.

155

¡Pero Dios no dejará que el gigante me hiera!

¡Dios me fortalece!
El gigante cae.
El pueblo de Dios ya no tiene miedo.

Dios nos protege. ¡Estamos felices!
Siempre cantaré a Dios.

Mi nombre es Elías. Dios me trajo a este
lugar secreto. Dios me protegerá.
Pero no tengo comida aquí.
¿Qué comeré?

163

¡Mira! Dios envía los pájaros para que me traigan pan y carne.
¡Qué buena comida!

¡Gracias, Dios,
por cuidarme tan bien!

El lugar de los leones

Mi nombre es Daniel.
Yo amo a Dios. Oro a Dios,
¡porque Dios es grande y fuerte!

Como alimentos que son buenos para mí.
Entonces Dios me hace grande y fuerte.
Sigo amando a Dios.
Sigo orando a Dios.

Pero algunas personas no aman a Dios.
No quieren que ore a Dios. Me arrojan en un
lugar muy, muy oscuro
lleno de LEONES.

¿Me atacarán los leones?

173

¡NO! Dios envía un ángel para ayudarme.
El ángel de Dios no dejará
que los leones me hagan mal.
Sí, ¡Dios me protege!

Historias del Nuevo Testamento

El mejor regalo

Me llamo María.

Hay algo que me está dando temor.

¿Será un viento tormentoso?
¿Será un ruido fuerte?
¿Qué será?

¡Ah! Es alguien que brilla mucho:
¡Un ángel!

«¡No temas!», dice el ángel.
Así que ya no tengo temor.

El ángel dice:
«Dios está feliz contigo.
Dios te dará un Niño muy especial.»

El ángel me dice el nombre del Bebé.
No es Sami ni Dani.
Tampoco es Paco ni Pablo.
No es Mateo, ni Santiago ni Pepe.
No, el nombre del Bebé será…

¡Jesús!

189

Cuido a Jesús

¡Hola! Mi nombre es José.
María es mi esposa.

¡Mira a Jesús, el bebito de María!
María lo cubre, lo cuida y lo abriga.
Ahora duerme en el pesebre.

193

Dios dice que cuide a María
y al niño Jesús.
Y yo le obedezco.

195

¡TAC! ¡TAC! TAC!
Ah, alguien vino a vernos.
¿Quién será?

197

Buenas noticias

¡Hola! Soy un pastor.
Mis amigos también son pastores.
Cuidamos ovejas.
Tenemos buenas noticias para contarte.

199

Esta noche acostamos a las ovejas.
«Buenas noches, ovejas», dijimos.
«¡A dormir!»

La noche estaba muy, muy oscura.
Todo estaba quieto y callado.
Muy quieto. Muy callado. ¡Shhhh!
Ni un sonido. Nada se movía.
Cuando de repente...

¡TODO estaba BRILLANTE!
¡Vimos un ángel! Y tuvimos miedo.

«¡NO teman!», dijo el ángel.
Entonces ya no tuvimos miedo.

El ángel dijo:
«Tengo buenas noticias para darles:
¡El Hijo de Dios nació hoy!
Vayan a ver al Niño especial.
Está envuelto, protegido y abrigado.
Está durmiendo en un establo.»

¡De repente, había ángeles por todas partes,
cantando alegres coros a Dios!
Luego se fueron para arriba,
bien alto en el cielo...

¡Salimos corriendo a ver al Bebé especial!

Sigue a la estrella

Somos sabios.
Alto en el cielo vemos una
nueva estrella luminosa.
¿Puedes verla también?

213

¿POR QUÉ está allí esa estrella?
Porque un Niño muy especial nació.
¡Vamos a llevarle regalos!

¿ADÓNDE vamos a encontrar al Niño especial?
¡Sigamos la estrella!
La estrella nos mostrará el camino.

217

Lejos, lejos, vamos muy lejos,
cuesta arriba...

219

cuesta abajo...

222

por acá...

por allá...

227

¡MIREN!
¡Es el Niño Jesús!

Jesús crece

Veamos cómo crece el Niño Jesús...

Crece MUCHO,
para todos lados.

234

Crece en FUERZA,
para trabajar y jugar.

Crece en ALTURA,
cada nuevo día.

¡Él sabe cuánto
lo ama Dios!
¿Sabes cuánto te ama Dios?
¡Mucho y mucho y mucho!

Mi nombre es Juan el Bautista.
Mi ropa está hecha de pelo de camello.
¡Me visto igual que un camello!

Para el desayuno y el almuerzo,
me agrada comer saltamontes,
alimento muy sabroso y crocante.
¡Mmmmm!

243

En la cena y las meriendas,
me gusta comer miel,
un sabor muy, muy dulce.
¡Mmmmm!

No vivo en una casa como tú.
Vivo afuera en las rocas y los montes,
con las estrellas,
el cielo y el viento.

247

Muchísima gente viene a las rocas y las
colinas para verme.
Yo les digo a todos:

«¡Busquen un Ser Especial!
¡SIGAN BUSCANDO!
¡Ya viene!»

249

Un día digo: «¡MIREN! ¡Ya llegó!

¿Y tú, QUIÉN crees que llegó?

¡Sí! Jesús está aquí:
Tan grande, bueno y fuerte...
¡Él sabe bien cuánto lo ama Dios!

253

Un día con Jesús

¡Hola! Me llamo Andrés.

Mi amigo y yo vemos a Jesús pasar.

Queremos estar con él.

Le preguntamos a Jesús: «¿Dónde vives?»

«Vengan y vean», responde Jesús.
Así que vamos con Jesús.

Nos quedamos todo el día con Jesús.
Hablamos, reímos y oramos,
hasta que se pone el sol...

259

y la luna y las estrellas
salen a jugar.

¡Sí, no hay nada mejor
que pasar el día entero con Jesús!

Un niñito enfermo

Soy un soldado.

Mi hijito está enfermo. ¡Ay, está tan enfermo!

Tengo miedo que NUNCA se mejore.

Salgo deprisa para tratar de
encontrar a Alguien.
¿A QUIÉN crees que quiero encontrar?

¡Encuentro a Jesús!
«Señor Jesús», le digo,
«por favor, haz que mi hijo se mejore.»

Jesús le responde:
«Vuelve a casa. Tu hijo ya está bien.»

Vuelvo a mi casa deprisa.
¿A QUIÉN crees que veo en la puerta?

¡Veo a mi hijito!
Jesús lo sanó.

271

Vamos de pesca

¡Hola! Me llamo Simón Pedro.
Andrés es mi hermano.
Este es nuestro barco pesquero.
Esta noche, vamos de pesca.

272

Donde el lago está profundo,
echamos la red al agua. ¡PLASH!
Abajo, abajo, abajo va la red.

Esperamos un ratito.

Luego recogemos la red: arriba, arriba, arriba.
¡Ayayai! ¡Esta vez no hay peces!

«Probemos de nuevo», les digo.
Abajo, abajo, abajo va la red.

Esperamos un ratito.

Y recogemos la red... arriba, arriba, arriba.

¡*Huy!* ¡Esta vez no hay peces!

Probamos otra vez.

Abajo, abajo, abajo va la red.

Esperamos un ratito.

Luego recogemos la red, arriba, arriba, arriba.

¡Uf!... ¡Uh! ¡Esta vez no hay peces!

¡Ay, estamos TAN cansados!
Hemos pescado toda la noche.

¿Conseguimos algún pescado?
No. ¡Ni siquiera *uno*!

Queremos volver a casa y descansar.
Pero primero escuchamos a Jesús.
Y Jesús nos dice:

«Vuelvan a la parte profunda del lago.
¡Pesquen algunos peces con la red!»

Así que nos vamos en el barco
a la parte profunda:
solo porque Jesús nos mandó a hacerlo.
Echamos la red, y va abajo, abajo, abajo.

Esperamos un ratito.
¿CREES que podremos pescar algo?

¡solo porque Jesús lo dijo!

¡Ah, mírame! Estoy enfermo.
¿Ves mi piel con llagas?
¡Me duele tanto!

295

Me sigue doliendo todo el día
¡AY!

297

Toda la noche me sigue doliendo la piel.
¡AY! ¡AY!

298

Las llagas van de mal en peor.

Entonces, encuentro a Jesús y le digo:
«Señor Jesús, si quieres, puedes sanarme.»

301

«YO QUIERO», responde Jesús.
Jesús me toca.
Siento su mano grande y fuerte.
Y me dice: «Sé sano.»

¡Oigan todos! ¡Mírenme!
Mi piel ya no me duele.

Saben por qué, ¿verdad?
Porque Jesús me sanó.

A todas partes con Jesús

Somos los discípulos.
Vamos a TODAS PARTES con Jesús.
Vamos por el camino acompañando a Jesús.

Escalamos una montaña con él.

Nos quedamos cerca
cuando Jesús habla con muchas personas.

311

Esta noche Jesús nos dice:
«Vayamos al otro lado del lago.»

Así que nos subimos al barco con Jesús.
Pronto la noche oscura se vuelve tormentosa.

El viento sopla:
¡FUUU! ¡FUUU! ¡FUUU!

315

El agua está agitada: ¡PLASH! ¡PLASH!
¡PUMBA! ¡Ah, tenemos tanto miedo!

Pero Jesús no tiene miedo. Duerme.
«¡Señor Jesús! ¡Despierta!
¡Sálvanos de esta terrible tormenta!»

Cuando Jesús despierta, nos pregunta:
«¿Por qué tienen tanto miedo?»

Jesús le dice a la tormenta:
«¡Calla! ¡Quédate quieta!»

Al momento, desaparece la tormenta.
Todo está tranquilo.
Todo está callado.
Todo está quieto.

Nosotros, los discípulos, decimos:
«¡Incluso el viento y las olas le obedecen!»

325

Una niñita enferma

Me llamo Jairo.

Mi niñita está enferma.

¡Ay, está TAN enferma!

Tengo miedo que NUNCA se sane.

Me apuro para encontrar a Alguien.
¿A QUIÉN crees que
estoy buscando?

329

¡A Jesús!
«Señor Jesús», le pido,
«por favor, sana a mi niñita.»

Entonces Jesús me acompaña a mi casa.

Al acercarnos,
una persona triste sale de mi casa y dice:
«Tu niñita NUNCA sanará.»

Vemos a todos llorar. Pero Jesús me dice:

«No temas. Créeme
¡Tu niñita sanará!»

Jesús entra a la casa.

Le oigo decir:
«¡Niñita, levántate!»

Y ahora,
¿A QUIÉN crees que veré?

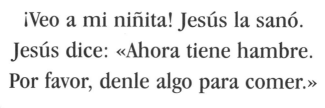

¡Veo a mi niñita! Jesús la sanó.
Jesús dice: «Ahora tiene hambre.
Por favor, denle algo para comer.»

Mi pequeño almuerzo

Soy solo un niño pequeño
con un pequeño almuerzo.
He escuchado a Jesús todo el día.
¡Y ahora tengo hambre!

343

Miro alrededor:
¡HAY TANTA GENTE!
Han escuchado a Jesús todo el día.
Jesús dice que tienen hambre.
Dice que no tienen comida,
no hay nada para comer.

Entonces les digo:
«¡Compartiré mi pequeño almuerzo!»
Los discípulos le llevan mi almuerzo a Jesús.

Jesús mira hacia arriba. Ora a Dios:
«Te doy gracias, Padre,
por esta buena comida.»

Luego le da mi almuerzo
a todas las personas hambrientas.
Pero, ¿alcanzará mi pequeño almuerzo?

¡SÍ!
¡Jesús hace que mi pequeño almuerzo
se convierta en MUCHÍSIMA COMIDA
para MUCHA GENTE!

Ya nadie se quedó con hambre.

No podía oír

Por mucho tiempo he tenido los oídos enfermos. Están totalmente cerrados. No puedo oír nada.

Puede que los pájaros canten.
¡Pi! ¡Pi! ¡Piripipí!
Pero no los puedo oír.

Pueden caer gotas de lluvia.
¡Tac! ¡Tac! ¡Tac!
Pero no las puedo oír.

357

Puede que haya niños riendo y jugando.
Pero, ¿qué importa?
No los puedo oír.
¡No puedo oír NADA!

Luego un día... viene Jesús.
Jesús toca mis oídos.

Y ahora SÍ puedo oír.
Oigo a todos gritar. «¡Jesús es TAN bueno!»

Somos niños pequeños
y queremos ver a Jesús.
Pero los GRANDES están amontonados a su
alrededor. Entonces oímos a Jesús decir...

«¡Acérquense, pequeñitos!»
Jesús nos toma en sus brazos.
¡Nos da un gran abrazo y una gran sonrisa!
Y dice...

367

«¡El cielo pertenece a los niños
como USTEDES!»

En un lugar muy, muy oscuro

Me llamo Lázaro.

Estoy en un lugar muy, muy oscuro.

Nunca más volveré a ver.

Nunca más volveré a oír.

¡AH! ¡Pero escucha! ¡Oigo algo!
Alguien dice:
«¡LÁZARO! ¡SAL FUERA!»

Entonces me levanto lentamente.
Y salgo poco a poco
de ese lugar muy, muy oscuro.
¿A QUIÉN ves extenderse hacia mí?

375

¡SÍ! ¡Es mi mejor amigo Jesús!
Jesús nos invita a salir de los lugares muy,
muy oscuros. ¡Nos trae a la luz!

377

Jesús viene a mi casa

Me llamo Zaqueo. Soy pequeño.
¡Todos enfrente de mí son MUY ALTOS!
No puedo ver a Jesús.

Así que corro, corro y corro
hasta un árbol al lado del camino.

Me trepo, trepo y trepo muy alto.

Allí espero, espero y espero
para ver a Jesús cuando pase por aquí.

¡ALLÍ ESTÁ!
Puedo ver ahora a Jesús.
Él me puede ver a MÍ
bien arriba en el árbol.

Jesús dice: «¡Baja rápido Zaqueo!
Me quedaré hoy en *tu* casa».

Entonces me bajo.

Después le digo a Jesús: «¡Estoy muy contento de que hayas venido hoy a mi casa!»

No podía ver

Hace mucho tiempo que mis ojos
están enfermos.
Están oscuros.
No veo nada.

Puede que un arco iris brille en las nubes.
Pero no lo puedo ver.

Una flor puede crecer al lado del camino.
Pero no la puedo ver.

393

La luna quizá brille en la noche.
Pero no la veo.
¡No veo NADA!

395

Entonces, un día... Jesús llega.
«¡Jesús, por favor, AYÚDAME!», grito.

Jesús me llama. Me pregunta:
«¿Qué quieres que haga por ti?»

«Querido Jesús», le respondo,
«¡quiero VER!»

Jesús toca mis ojos.

¡Y ahora puedo VER!
¡Puedo ver a JESÚS!
Me quedaré cerca de Jesús
para poder verlo una y otra vez.

¡Hosanna al Rey!

¡Miren todos!
Aquí viene Jesús.
Viene montado en un burrito.

405

¡Jesús es nuestro Rey!
Así que gritamos y cantamos: *¡Hosanna!*
¡Hosanna! ¡Hosanna al Rey!

Entonces escuchamos a alguien decir:
«¡Jesús, esta gente es demasiado ruidosa!»

Pero Jesús responde:
«¡Este es el canto que no debe callar!»

¡Hosanna! ¡Hosanna!
¡HOSANNA AL REY!

411

¡En el aposento alto!

¡Hola! Me llamo Juan.
Síugeme arriba por esta escalera.

413

¿Ves la gran cena?
Pedro y yo estamos preparando todo.
Jesús comerá esta cena
con sus amigos especiales.

415

¡Ya llegan todos!
Primero viene Jesús.
«¡Hola, Jesús!»

Estos son sus discípulos,
sus amigos especiales.
«¡Hola, discípulos!»

¡Pero mira qué sucios tienen los pies!

Todos comienzan a comer la gran cena.
Luego, Jesús se levanta de la mesa.

Toma una toalla.

Toma una vasija grande de agua.

¡Entonces lava los pies sucios!
¡Jesús ama a sus amigos! Le agrada ayudarlos.
Le gusta ayudarnos a ti y a mí.

¡Esta mañana vi a Jesús!

Me llamo María Magdalena.
Esta mañana estoy muy triste.
Unas personas malas lastimaron a Jesús
y lo pusieron en un lugar muy, muy oscuro.

Este es el lugar muy, muy oscuro
Miro hacia adentro.

429

¡Jesús no está aquí!
¿Adónde podrá estar?

Empiezo a llorar sin parar.
Hasta que oigo a alguien decir:
«¿Por qué lloras?»
Y cuando levanto la vista...

¡Veo a JESÚS!
¡Ah, Señor Jesús!

Y Jesús dice:
«María, ve y dile a mis discípulos
que pronto iré al cielo.»

Pronto encuentro a los discípulos y les digo:
«¡Esta mañana vi a Jesús! ¡Nunca más
volverá a estar en ese lugar
muy, muy oscuro!»

Jesús se va al cielo

Arriba, en la cima de una montaña,
están los discípulos con Jesús.
Y Jesús dice...

439

«¡Dondequiera que vayan,
háblenle a todos acerca de MÍ!»

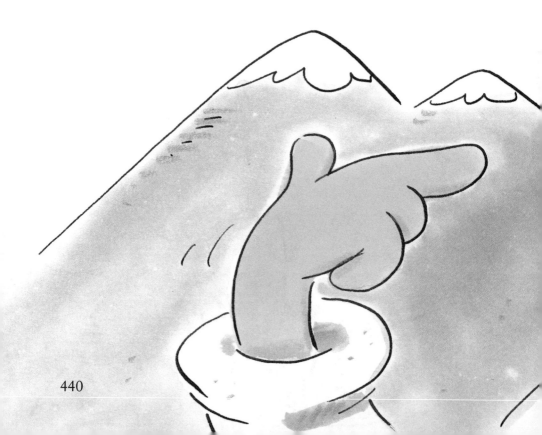

441

Entonces Jesús empieza a subir,
arriba, arriba, arriba,
bien alto en el cielo...
hasta llegar a Dios.

Pero no estés triste.
Un día, Jesús volverá.
¡Es cierto, volverá!
Volverá del cielo.
Entonces tú y yo lo veremos.
¡ES CIERTO! ¡LO VEREMOS!

....

Cómo enseñar la Biblia a los pequeñines

Sea que lee a su hijo de una Biblia completa o de una Biblia en forma de cuento, como esta, le ofrecemos algunas pautas para tener en cuenta:

* CONFÍE en que está dando un paso sabio de presentar a su hijo a la Biblia. Este libro tiene aplicación y valor universal para los niños pequeños con historias únicas y sorprendentes... declaraciones firmes y con autoridad sobre el bien y el mal... y el mensaje ineludible del carácter y amor de Dios. Al leer historias de la Biblia en voz alta, señala a su hijo cuál es la fuente inagotable de seguridad, sabiduría y aliento.

* Esté preparado para volver a leer muchas de las historias una vez tras otra. Los niños pequeños gustan de la repetición, les encanta reconocer algo que escucharon antes, y sienten orgullo de saber de qué se trata. ¡Déle a los pequeños la oportunidad de disfrutar ese momento! Después de haber disfrutado juntos de varias historias, tal vez quiera dejar que su hijo elija la historia cada vez que le lee. ¡Sea el héroe de su hijo al mostrarle gran alegría en sus historias favoritas!

* ¡ENFOQUE EN LA DIVERSIÓN! Pruebe repetidamente de cambiar el volumen y el tono de la voz. No se aburrirá al leer una historia por vigésima vez si la cuenta con un énfasis y sabor diferentes, mejorando la presentación cada vez.

* No tenga miedo de mostrar las emociones necesarias para cada historia. Al leer, trate de actuar como niño, mostrando asombro, preocupación, alivio, temor, etc.

*   Reciba con agrado las preguntas o comentarios de su hijo. No tome el tiempo de lectura bíblica como un momento de entretenimiento, sino como breves momentos de conversación personal entre usted, su hijo y Dios.

*   Al observar las reacciones de su hijo ante la Biblia, agregue preguntas y comentarios propios. Establezca la costumbre en su hogar de disfrutar del diálogo sobre la Biblia.

*   Finalmente, tenga conciencia clara sobre el poder inigualable de la Biblia. No es el único libro válido para leer a los niños, pero no tiene par en el desarrollo intelectual, moral y espiritual de sus hijos. Nunca limitaría la dieta física de su hijo a golosinas y dulces. De la misma manera, el carácter y desarrollo espiritual de su familia depende de una dieta balanceada. No hay mejor alimento que la Biblia para la salud mental y del corazón de la familia.